Na bateria da escola de samba

ILUSTRAÇÕES
Axel Sande

PROJETO GRÁFICO DE CAPA E MIOLO
Gabinete de Artes

REVISÃO DE TEXTO
Vera Villar

DADOS INTERNACIONAIS DE CATALOGAÇÃO NA PUBLICAÇÃO (CIP)
SINDICATO NACIONAL DOS EDITORES DE LIVROS, RJ

B794b

Braga, Leandro
Na bateria da escola de samba / Leandro Braga ; ilustrações Axel Sande ; [consultor técnico Mangueirinha]. - 1. ed. - Rio de Janeiro : Gryphus, 2014.
40p. ; il. ; 20 cm.

ISBN 978-85-8311-003-3

1. Samba - Literatura infantojuvenil. 2. Instrumentos musicais - Literatura infantojuvenil brasileira. I. Sande, Axel. II. Título.

13-04896 CDD: 028.5
CDU: 087.5

Adequado ao novo acordo ortográfico da língua portuguesa.

GRYPHUS EDITORA
Rua Major Rubens Vaz, 456 – Gávea
Rio de Janeiro, RJ – 22470-070 – Tel .: (0xx21)2533-2508
www.gryphus.com.br / gryphus@gryphus.com.br

Impresso no Brasil
2014

LEANDRO BRAGA

CONSULTOR TÉCNICO Mangueirinha

Na bateria da escola de samba

ILUSTRAÇÕES Axel Sande

GRYPHUS

Agradecimentos à
Escola de Samba
Unidos de Vila Isabel

O samba

O Rio de Janeiro foi capital do Brasil por quase 200 anos. Era muita gente chegando, muitos escravos desembarcando diretamente do continente africano ou vindos de outros estados do Brasil, muitos comerciantes, gente de posse e de poder. E também era o local aonde coisas da Europa chegavam antes do que em qualquer outro lugar.

É claro que os escravos trouxeram sua música, religiosa ou de folguedo, uma das únicas ligações que mantinham com sua ancestralidade. E veio também música de Portugal, de outros centros do Brasil, tinha muita coisa!
A música negra era a mais presente e a mais rica de todas. Influenciou muita gente e misturou-se com outros cantos e danças.

No Rio, ao redor da Praça Onze, reuniam-se muitos negros com suas músicas e suas danças. O local era até conhecido como Pequena África.

Da evolução dessa música surgiram alguns ritmos como o lundu, o maxixe e também o samba. Este se firmou e perdura até hoje como música muito viva!

Uma escola de samba

No final da década de 20 nasceu o termo **escola de samba**, exaltando a primeira delas, a Deixa Falar, no bairro carioca do Estácio. Lá se aprendia samba com os melhores. Nada mais justo do que serem chamadas de escolas.

Eram, de início, muito diferentes do que são hoje. Menores, com gente que se reunia para fazer samba, se divertir. Com o tempo, cresceram, cresceram muito e ficaram enormes.

Nesse universo imenso destaca-se a bateria das escolas de samba: um conjunto de músicos, percussionistas (ou ritmistas), tocando diferentes instrumentos, sob a direção do mestre e de seus diretores de bateria.

As escolas de samba escolhem um enredo novo a cada ano. É um tema, uma história que vai ser contada por todos, as fantasias, alegorias, a dança e o samba de enredo (ou samba-enredo). Tudo indispensável para se tornar atraente e contagiante um desfile que não dura nem uma hora e meia.

E a bateria é o principal: se ela não estiver afinadíssima com os membros da escola e com as arquibancadas, não há alegorias, rainhas, passistas, nem carros suntuosos que prendam a atenção e a admiração do público.

Salve todas as escolas de samba, salve todas as baterias de todas as escolas de samba !

As orquestras do samba

As baterias das escolas são grupamentos musicais que transmitem muita energia, muita alegria, um prazer enorme de tocar e de ouvir. Isto já sabemos. O que vamos aprender é que são organismos muito sofisticados, muito ricos artisticamente, tanto quanto as melhores sinfônicas do mundo.

Os caminhos que orientam as escolas de samba não são muito diferentes daqueles seguidos pelas orquestras. Ambas ensaiam muito, selecionam seu repertório com rigidez, escolhem seus membros com rigor e exigem muita dedicação de todos.

O mestre da bateria tem que ter muita intimidade com o samba e com os instrumentos que comanda. Sabe tocar todos eles e dirige a bateria tal como um maestro faz com a orquestra.

Aqui vamos ver tudo isso: como é formada a bateria, quais instrumentos a compõem, quantos são os músicos, como é organizada, como são os ensaios. E também as curiosidades, as características de algumas delas.

Os instrumentos da bateria

O número de ritmistas pode variar, normalmente entre 250 e 300 músicos e seus instrumentos, de tamanhos e materiais diferentes. A maioria é feita de metal, alguns têm também uma pele de *nylon* ou de couro.

Alguns são tocados com uma só baqueta, alguns não usam baqueta e outros usam duas. Muitos tocam quase sem parar, com mais rapidez e leveza, e outros são mais pesados, mais solenes.

Vamos ver que, na bateria, cada escola de samba tem uma linguagem própria, que varia de acordo com sua tradição e com a ousadia de seus mestres e diretores.

CD faixa 1

O surdo

É um dos instrumentos obrigatórios em todas as baterias. É o maior deles e o que tem mais responsabilidade na manutenção do balanço e do andamento do samba. Foi criado por Alcebíades Barcelos, o Bide, um dos grandes compositores da nossa música, usando uma lata grande de manteiga, onde foram colocados aros e peles.

Seu som é grave e é tocado com uma baqueta só, feita de madeira e com a ponta envolvida por feltro ou espuma. O instrumento é pendurado nos ombros do ritmista por uma faixa de couro ou sintética, chamada de talabarte ou talabar.

Em uma bateria vemos surdos de três tamanhos diferentes. É importante aprendermos desde já que, quanto maior um instrumento, mais grave é seu som.

EDSON CONCENTRADO EM TOCAR O SURDO.

Daí termos, basicamente, três tipos de surdo:

Surdo de 1ª ou de marcação: é o maior e o mais pesado, tendo o som mais grave de todos. Tem a imensa responsabilidade de acentuar o pulso mais importante do samba, que é o do 2º tempo do compasso. Daqui a pouco vamos explicar melhor tudo isso.

Surdo de 2ª ou de resposta: é um pouco menor que o de marcação. Seu som é menos grave e ele toca no outro pulso do compasso, ou seja, no 1º tempo.

Surdo de 3ª ou de corte ou centrador: é o menor deles e o de toque mais variado, sendo o que exige mais criatividade. Além de acentuar o tempo 2, também toca onde menos se espera, justamente para dar aquele balanço, aquela vontade de dançar.

O número de executantes e o tipo de toque podem variar, de acordo com as diferentes escolas. Mesmo assim o surdo mantém a função primordial de ser o coração da escola, que bombeia samba para todos os lados.

As escolas costumam ter um número equivalente de surdos de 1ª e de 2ª, ao redor de 10 a 12 para cada um deles. Já o número dos surdos de 3ª é maior, de 15 a 20.

O compasso do samba

Em quase todas as músicas a gente percebe uma pulsação, uma batida constante, regular, que não para. Quando ouvimos uma música e batemos com os pés estamos, na realidade, marcando os pulsos da música.

É como se cada um desses tracinhos aqui fosse uma batida dos pés:

| | | | | | | | | | | | | | | |

Podemos juntar certo número dessas batidas em grupos pequenos. O nome de cada um desses grupos é compasso. E chamamos cada uma dessas batidas, ou pulsos, de tempo.
Os compassos podem ter vários tempos. Os mais comuns são os compassos de 2 tempos, de 3 e de 4 tempos.

Cada grupo entre os 2 tracinhos é um compasso.

| 1 2 | 1 2 | 1 2 | 1 2 | 1 2 | 1 2 | 1 2 |

| 1 2 3 | 1 2 3 | 1 2 3 | 1 2 3 | 1 2 3 |

| 1 2 3 4 | 1 2 3 4 | 1 2 3 4 | 1 2 3 4 |

O samba usa o compasso de 2 tempos, ou binário, e o tempo mais acentuado, o mais forte dos dois, é o 2º. Quem faz essa acentuação é justamente o surdo.

Assim: | 1 **2** | 1 **2** | 1 **2** | 1 **2** |

Isso é indispensável! Não existe samba sem esse acento no 2º tempo.
É da maior importância.

O surdo que acentua o 2º tempo é o surdo mais importante, o de primeira importância. Por isso é chamado de surdo de 1ª. Mas temos que lembrar que ele toca no 2º tempo. Não vamos confundir: o surdo de 1ª, como já falamos, é maior, e seu som é mais grave. Algo como um "TUM".
O surdo de 2ª toca no outro tempo, ou seja no 1º tempo, que, no samba, é mais fraco, como se fosse um "tá".

No compasso, seria algo assim:

tá **TUM** tá **TUM** tá **TUM** tá **TUM**

| 1 **2** | 1 **2** | 1 **2** | 1 **2** |

Isso a gente tem que aprender logo, para poder entender o samba e as baterias das escolas. O surdo de 1ª (ou de marcação) toca no tempo 2. E o surdo de 2ª (ou de resposta) toca no tempo 1.

E o surdo de 3ª?

Esse, como falamos, toca em outros lugares do compasso, entre o 1 e o 2, e também reforça o 2º tempo.

CD faixa 4

A caixa e o tarol

São instrumentos menores que o surdo, com um som mais agudo e são tocados com duas baquetas. Têm um corpo feito de metal, com duas peles sintéticas, uma de cada lado. Sobre uma delas é colocada uma esteira, ou seja, umas cordas de metal que fazem o som ficar raspado, arranhado.

O tarol é muito parecido com a caixa, mas é menor e mais leve, com uma execução semelhante. É apoiado no braço esquerdo e uma das baquetas é menor do que a outra.

Caixas e taróis formam o grupo mais numeroso da bateria. Tocam quase sem parar, fazendo o que chamamos de condução do samba. Cada escola faz isto de um jeito diferente, acentuando aqui ou ali, usando esta ou aquela maneira de tocar. Pode-se dizer que o sotaque de cada bateria está principalmente na maneira de se tocar as caixas e os taróis.

Cada bateria costuma trazer cerca de 70 caixas e uns 30 taróis.

Mal começamos a mostrar os instrumentos, e a riqueza musical de uma escola já começa a se exibir!

CARLOS SORRI E ARREPIA NO TAROL.

CD
faixa 9

O repique

Também é feito de metal, com uma pele sintética em um dos lados. Usa-se apenas uma baqueta, mas a outra mão também toca, diretamente, na pele.

Seu som é agudo e bastante intenso e penetrante. Uma bateria costuma trazer ao redor de 35 repiques.

JOÃO NÃO PERDE O RITMO NO REPIQUE!

No grupo dos repiques existe sempre um dos músicos que é o chamado 1º repique. Sua função é importantíssima, pois é ele quem faz todas as chamadas, ou seja, frases musicais curtas, chamando a bateria para tocar.

Antigamente era usado um repique menor, chamado de 'repinique', que caiu em desuso. Para alguns mestres, repique e repinique referem-se ao mesmo instrumento.

Hoje se usa cada vez mais um instrumento conhecido como repique-mor, maior que o comum. Sua sonoridade o faz mais parecido com um surdo pequeno e é tocado com duas baquetas.

É bom saber que existem outros repiques, bastante comuns, mas não usados nas baterias das escolas de samba: são eles o repique de mão (criado por Doutor) e o repique de anel (criado por Ubirany, membro do grupo Fundo de Quintal). São instrumentos que exigem muita habilidade, sendo mais usados em rodas de samba.

CD
faixa 14

O tamborim

É o menor instrumento de pele das baterias, com um som bastante agudo. A mão esquerda segura o instrumento, e a direita usa uma baqueta diferente, um feixe de três a seis hastes de *nylon* amarradas numa das pontas. O som resultante é muito forte. Fora das escolas usa-se uma baqueta simples, de madeira. Mas o carnaval exige volume, intensidade.

ARLINDO MANDA MUITO BEM NO TAMBORIM.

Os tamborins tocam quase todo o tempo. Alguns toques são muito comuns, com nomes bastante curiosos, como o "carreteiro" e o "telecoteco".

Os tamborins também participam da condução do samba, mas uma das coisas que melhor fazem é a acentuação de algumas batidas, sendo capazes de colorir certas partes da música. Formam um naipe numeroso, ao redor de 25 a 30 músicos.

O chocalho

CD Faixa 18

É um instrumento leve e simples. Resume-se a uma haste de madeira onde são colocadas várias platinelas, ou seja, aqueles pequenos discos de alumínio ou latão que ficam no corpo dos pandeiros. Na execução ele é chacoalhado para frente e para trás, produzindo um som metálico e brilhante.

Na bateria realizam a condução do samba, ou seja, a sustentação do ritmo, apoiando as caixas e taróis. Geralmente vemos de 25 a 30 chocalhos nas baterias.

Um dado curioso é que a maioria das alas de chocalhos é formada por mulheres.

LIANA CONDUZ O CHOCALHO COM MUITA ELEGÂNCIA.

O reco-reco

É outro instrumento da bateria feito todo de metal, e com som metálico. Existem reco-recos de todos os tipos e feitos de vários materiais, mas nas escolas de samba são sempre de metal.

O reco-reco é basicamente uma estrutura sustentada pela mão esquerda, onde são presas duas ou três molas. A mão direita usa uma vareta também de metal, que corre ao longo dessas molas, produzindo o som característico.

O conjunto dos reco-recos não é muito numeroso. De acordo com a escola vemos de cinco a dez.

CD Faixa 20

MANGUEIRINHA ARRASA NO RECO-RECO.

CLARICE TOCA O AGOGÔ COM A MAIOR FIRMEZA!

O agogô

É formado por campanas metálicas (ou canecas) presas por uma haste curva. O ritmista segura o agogô com a mão esquerda e toca o instrumento com uma baqueta de madeira.

Os agogôs também participam da condução do samba, mas, devido a seu timbre tão característico, são mais usados para colorir as partes em que tocam. Em algumas escolas, como no Império Serrano, são usados agogôs de 4 campanas.

Uma escola costuma ter de 15 a 20 agogôs.

CD
faixa 24

A cuíca

É um instrumento muito peculiar. Seu corpo é de metal e tem uma pele de couro em um dos lados. Em seu centro é amarrada a ponta de uma vareta de bambu, formando uma espécie de umbigo.

A mão direita fica dentro do instrumento, friccionando a vareta com um pano úmido. Os dedos da mão esquerda fazem uma pressão maior ou menor sobre o couro da cuíca, pelo lado de fora. Quando apertam a pele, o som fica mais agudo. Quando soltam, o som fica mais grave.

É um dos instrumentos preferidos pelos ritmistas de idade mais avançada, pois exige menos esforço físico mas, ainda assim, bastante habilidade.

Normalmente uma bateria traz de 20 a 25 cuícas.

MANINHO
E A CUÍCA.

XEQUERÊ

O pandeiro e outros instrumentos

Há instrumentos ligados ao samba que até podem ser vistos nos desfiles, mas não são parte obrigatória da bateria. É o caso dos pratos e xequerê, por exemplo.

O curioso é que um dos instrumentos mais tradicionais do samba, o pandeiro, também não faz parte das baterias. Sempre se vê alguns pandeiristas aqui ou ali, mas não existe uma ala de pandeiros.

Muitas vezes um instrumento novo faz parte da história contada no enredo ou é uma experiência, uma inovação que o mestre da bateria está fazendo.

EZEQUIAS E O SUINGUE DO PANDEIRO.

CLAUDIO É O DIRETOR DE BATERIA.

O mestre e os diretores de bateria

Uma bateria envolve muita gente, centenas de pessoas. E estas não estão reunidas apenas para festejar, mas sim para servir à escola e a seus milhares de componentes.

Os responsáveis por sua organização e planejamento são o mestre de bateria e seus auxiliares, os diretores. São eles que comandam os ensaios, atentos à execução do samba, e propõem inovações, como as bossas, os breques, os fraseados. Organizam tudo que for necessário para a bateria se apresentar com perfeição.

No desfile o mestre coloca-se sempre à frente, muitas vezes com uma baqueta na mão, e dá todos os comandos aos ritmistas. Os diretores deslocam-se continuamente por dentro da bateria, reforçando os comandos do mestre, cuidando para que o ritmo se mantenha firme, correto e vibrante.

O mestre e os diretores usam apitos e gestos para comandar seus músicos e passar todas as instruções.Alguns desses gestos, atualmente, são emprestados de outras culturas, como o "*hang loose*" e o "metaleiro", ou mesmo da LIBRAS (Linguagem Brasileira de Sinais), empregada na comunicação com deficientes auditivos.

O intérprete e o Carro de Som

Todas as escolas têm um intérprete principal e seus auxiliares, que cantam o samba durante todo o desfile. Esse cantor era conhecido também como puxador, termo abandonado depois das muitas reclamações de mestre Jamelão, da Mangueira, um dos maiores intérpretes do samba.

As escolas utilizam um Carro de Som, que é um caminhão que carrega uma aparelhagem muito potente que amplifica e distribui o canto dos intérpretes para toda a avenida. Além disso, nos grandes desfiles, alguns microfones são colocados na bateria, para todos poderem ouvir.

No Carro de Som instala-se um pequeno grupo de músicos, formado por um ou dois cavaquinhos, violões e percussão. Ao lado do carro caminham os cantores, apoiados por alguns percussionistas, chamados coletivamente de pedal.

RONALDO DEDILHA O VIOLÃO DE SETE CORDAS.

O enredo e o samba de enredo

Meses antes do Carnaval as escolas decidem qual será o enredo do próximo desfile, ou seja, que história vão contar. Pode ser uma homenagem a pessoa conhecida, um fato histórico, uma homenagem a uma cidade, um estado, enfim, qualquer assunto que possa trazer interesse.

Depois de escolhido o enredo, o carnavalesco vai definir, junto com outros diretores, como o tema será desenvolvido pelas alegorias, as fantasias, coreografia das alas, comissão de frente, etc...

Os vários compositores ligados à escola vão compor seus sambas, que devem mostrar o enredo com clareza. Daí esse samba ser conhecido como samba de enredo ou samba-enredo. Os concorrentes serão apresentados nos vários ensaios, e depois um deles é escolhido.

Um samba de enredo costuma ter uma estrutura básica:

1ª parte ou cabeça, onde se começa a falar sobre o enredo, e conduz ao **1º refrão**, um trecho pequeno que é repetido, contendo uma parte importante da letra e leva à **2ª parte**, onde se busca certo contraste musical com a cabeça do samba, trazendo assim um interesse maior. Ela leva ao **2º refrão**, a parte mais contagiante do samba, aquela que costuma ficar na memória de todos. O 2º refrão é tão importante, que no dia do desfile os intérpretes começam a cantar o samba exatamente por ele.

LUIZ COMPÕE UM SAMBA.

CD faixa 27

O desfile

Chegou o dia! Todos estão muito ansiosos querendo fazer bonito, perfeito, e para isso precisam obedecer a uma organização.

Antes do desfile, a escola posiciona-se em uma área conhecida como concentração, onde todos se colocam na sequência em que irão entrar no desfile.

Antes do samba-enredo é comum o intérprete cantar um samba tradicional da escola, que seja conhecido por todos. É o chamado 'esquenta'.

A apresentação do samba-enredo segue uma forma bem definida: o intérprete começa cantando pelo 2º refrão, acompanhado somente pelos músicos do carro de som. O samba é apresentado duas ou três vezes desta forma. A bateria ainda não toca e a escola permanece aguardando.

Ao final da última vez, o 1º repique faz o que se chama 'chamada', como já falamos, uma frase musical curta, mas com muita energia, que convoca toda a bateria a iniciar sua exibição.

A escola começa, então, a se deslocar. Logo no início do trajeto a bateria coloca-se em um espaço ao lado da avenida, chamado de 1º recuo. Depois da passagem de boa parte dos integrantes ela retoma o desfile e vai até o 2º recuo, onde novamente permanece algum tempo antes de se dirigir ao final.

No desfile serão julgados dez quesitos, como bateria, comissão de frente, alegorias e adereços, mestre-sala e porta-bandeira etc.. Para cada um deles são convidados quatro jurados, que se colocam em cabines ao longo da avenida. A escola, ao passar por elas, faz e recebe saudações dos jurados.

Um samba é repetido inúmeras vezes durante a noite. Para manter o entusiasmo e atrair a atenção do público, a bateria realiza algumas variações, chamadas "bossas", seguindo sempre o comando do mestre.

Também existem breques e paradinhas. Até mesmo coreografias dos ritmistas estão sendo cada vez mais empregadas.

Logo de início dissemos que uma bateria é uma verdadeira orquestra, com uma complexidade muito grande, tal qual uma orquestra sinfônica. Vimos que isso é verdadeiro. E o que mais surpreende é que quase a totalidade dos ritmistas é formada por músicos amadores, aqueles que realizam toda essa arte movidos apenas pelo amor à sua comunidade, à sua escola, pelo amor ao samba!

Curiosidades

› A Mangueira não usa o surdo de 2ª. Por isso também é conhecida como Bateria Surdo 1.

› Na Mocidade Independente de Padre Miguel o surdo de 2ª é mais grave do que o de 1ª.

› Em quase todas as baterias os chocalhos deixam de tocar na 2ª parte do samba, retornando somente no 2º refrão.

› Nas baterias, todos os instrumentos usam peles de *nylon*, exceto os surdos e cuícas, que ainda utilizam pele animal.

› A Mangueira usa um tipo diferente de surdo de 3ª, um pouco menor, chamado de "surdo-mor".

› Um dos mais famosos mestres de bateria foi Mestre André, da Mocidade, que criou as famosas paradinhas da bateria, a partir de um tombo que levou durante o desfile.

› Um dos desfiles mais emocionantes é o das escolas de samba mirins. Nelas já podemos ver grandes passistas, ritmistas, todos formados dentro de suas comunidades.

Gritos de guerra:

Os intérpretes dos sambas, na avenida, usam seus gritos de guerra, principalmente no início do desfile, para inflamar toda a escola. Alguns desses são já muito conhecidos:

"Alô, povão, agora é sério!" - Nego
"Essa é minha Ilha. Segura, marimba!" - Haroldo Melodia
" Arrepia, Salgueiro!" - Quinho
"Olha a Beija-Flor aí, gente! Chora, cavaco!" - Neguinho da Beija Flor.

E salve o samba, salve todas as escolas de samba!

No CD, conheça os sons dos instrumentos

Faixa 1. **O surdo**
1. Surdo de 1ª com contagem
2. Surdo de 1ª e de 2ª com contagem
3. Surdo de 1ª, de 2ª e de 3ª com contagem

Faixa 4. **A caixa e o tarol**
4. Caixa de guerra
5. Tarol
6. Caixa da Unidos de Vila Isabel
7. Caixa da Unidos de Vila Isabel com surdo
8. 2 caixas com tarol e surdos de 1ª, de 2ª e de 3ª

Faixa 9. **O repique**
9. Repique
10. Repinique
11. Repique-mor
12. Repique, repinique e repique-mor
13. Surdo, repique e repinique

Faixa 14. **O tamborim**
14. Tamborim- telecoteco
15. Tamborim - carreteiro
16. 2 tamborins - telecoteco
17. 2 tamborins e surdo, com subida

Faixa 18. **O chocalho**
18. Chocalho
19. Chocalho e surdo

Faixa 20. **O reco-reco**
20. Reco-reco
21. Reco-reco e surdo

Faixa 22. **O agogô**
22. 3 agogôs
23. Agogô e surdo

Faixa 24. **A cuíca**
24. Cuíca
25. Cuíca e surdo

Faixa 26. **O pandeiro e outros instrumentos**
26. Pandeiro

Faixa 27. **O desfile**
27. Batucada

Leandro Braga é pianista, compositor e professor de música, fascinado pelas escolas de samba. Foi diretor artístico do projeto TIM Música nas Escolas e presidente de uma ong que oferecia aulas em comunidades do Rio de Janeiro.

"Dedico esta obra ao meu neto, Melk, e espero que o livro desperte sua admiração por essas verdadeiras orquestras de música brasileira."

Mestre Mangueirinha (Carlos Henrique da Silva Vicente) vem de uma família carnavalesca onde o pai, nascido na Mangueira, e a mãe, em Vila Isabel, apresentaram o carnaval nas maravilhosas noites na Casa de Bamba da Vila Isabel, onde mora até hoje. Como mestre de bateria mirim com várias premiações, criou um projeto musical para dar aula a deficientes auditivos. Atualmente, faz parte da diretoria da bateria da Vila Isabel.

Axel Sande é artista gráfico, formado em história da arte e mestre em *design*. Seus trabalhos ilustram diversos livros, CDs, jornais e revistas. É pai do Maximiliano e da Manuela, e é padrinho do João Vinícius. Tanto o filho quanto o afilhado são músicos promissores.

Este CD foi gravado no Estudio Dharma
e masterizado por Ariel Henrique no Estúdio Ariel.
Músicos: Pedro Ivo, Rodrigo Vila e Mestre Mangueirinha

O texto do livro foi composto em Foco Light, corpo 13,
com títulos em Neo Sans Ultra, corpo 21, e impresso em
papel couche matte 120 g/m² pela Edelbra Gráfica.